# Shamhu yeZera Renyu

# Memory Chirere

First published in Great Britain in 2023 by:

Carnelian Heart Publishing Ltd
Suite A
82 James Carter Road
Mildenhall
Suffolk
IP28 7DE
UK

www.carnelianheartpublishing.co.uk

Copyright ©Memory Chirere 2023

Paperback ISBN     978-1-914287-11-4
eBook ISBN         978-1-914287-12-1

A CIP catalogue record for this book is available from the British Library.

All rights reserved. No part of this publication may be reproduced, stored in a retrieval system or transmitted in any form or by any means, electronic, mechanical, photocopying, recording or otherwise without prior written permission from the publisher.

Editor: Tinashe Muchuri
Proofreader: Samantha Rumbidzai Vazhure

Cover design & Layout: Rebeca Covers

Typeset by Carnelian Heart Publishing Ltd
Layout and formatting by DanTs Media

# Table of Contents

| | |
|---|---|
| Musumo | 10 |
| Bhuku revanhu | 14 |
| Baba vaTino | 16 |
| Ndaimhanya | 20 |
| Kuimba shiri | 21 |
| Detembo | 22 |
| Kutadza | 23 |
| Shamwari yangu | 24 |
| Kutsvodana | 25 |
| Kwatiri kuenda | 28 |
| Kuchera | 30 |
| Zvandinoda | 31 |
| Vana vandakaticha | 32 |
| Basa | 34 |
| Munhu wekuZimbabwe | 36 |
| Nezuro | 38 |
| Mashoko | 40 |
| Muchipatara | 41 |
| Dai | 42 |
| Mukanwa | 43 |
| Kudhirowa | 44 |

| | |
|---|---:|
| Chishuwo changu | 45 |
| Chiramwiwa | 46 |
| Maticha musarove vana vechikoro | 47 |
| Mubhazi | 48 |
| Komuredhi | 50 |
| Kufa | 51 |
| Chimunhu munhu | 52 |
| Detembo risina musoro | 53 |
| Zvaipa | 54 |
| Mhamha | 55 |
| Maraya naMareta | 56 |
| Nzira yekumba | 60 |
| Kuonesesa | 62 |
| Kusiri kufa | 63 |
| Kufunga | 64 |
| Mudzanga wefodya | 65 |
| Shamhu yezera renyu | 66 |
| Kajokoto | 68 |
| Mbudzi | 70 |
| Geshuwenzi Kambamura | 72 |
| Munhu wako wokutanga | 73 |
| Motokari | 74 |

Kisimusi … 75

Chirume chaSekai … 76

Tose tiri ipapo … 78

Chimunhu chisina rudo … 79

Kungoenda … 82

Dai … 86

Dai ari pano … 88

Pamusoro panyanduri … 89

## Musumo

Shamhu Yezera Renyu raita kuti ndifunge kuti, mudetembi Memory Chirere anonetsa kuti umuwanire mupanda kana tasvika panyaya dzekunyora nhetembo.

Chirere munyori asvika panotyisa pakasiyana nepaaive mazuva aakanyora nhetembo dziri muna Tipeiwo Dariro, kana muna Bhuku Risina Basa. Munyori Chirere ari mubhuku Shamhu Yezera Renyu abva zera uye akwira manera asi kwete evaRozvi ekunoturunura mwedzi.

Uyu ave munyori anoziva kuti kuve munyori hachisi chipo chake semunyori, asi chipo chevanhu chinofanira kubuda maari chichinopinda muvanhu kuti munyori agove murapi anorapa vanorwara mumagariro. Kunyora kwaChirere nhetembo dzino kunenge kupakura kwamai vane vana vazhinji, vanopakura vachisara vasina, asi chinovapa kuguta kuziva kuti vana vavo vaguta, nyangwe ivo vaine nzara.

Nhetembo dziri mubhuku rino dzinotaura kuti Chirere ave kudivi revakuru vanoona zviitiko zvehupenyu hwazvino, asi vachiona kuti kwavakabva, makuriro avakaita nezvavakanzwa imhodzi dzakaputirwa muchipepa dzikapfekerwa muchengo chemba. Kubudikidza nenhetembo idzi, Chirere ari kuvhomora, oputunura chipepa chine mhodzi dzakare idzodzo, odzidyara muvhu renguva ino, odziyemura dzichimera, kukura nekubereka. Ari kukoka vaverengi kuti vadye naye nhopi yenguva dzaakanga ari kakomana kuNyombwe, kumakomo eMavhuradonha. Tinokura tiri mumisha yedu, asi makwenzi, miti, tsine, zvuru, nzizi nemakomo atakakwira zvinodzoka kuzotiyeuchidza kuti paye pawakadarika nemandiri, mweya wangu wakanamira pauri, uye zvaunofunga nekurangarira ndini newe.

Asi kana zvake Chirere ari nyanduri, nhetembo dzake dzinomutengesa kuti iye mutauri wengano nemunyori wenyaya pfupi. Manyorero aChirere haasi emunhu anoda kuti vanhu vafunge kuti kunyora nhetembo ibasa rekuvhiya svosve kuti ugosara nedehwe racho kuti urirovere paruware nehoko, kwete! Chirere anonyora nhetembo dzake seanotamba, uyewo seanotambisa pfungwa dzevaverengi. Kashoma kuti unete kana kunzwa kuda kusiira nhetembo dzake panzira, nekuti kufanana nengano, muverengi anongoramba achibvunza kuti "Chii chakazoitika?"

Chirere anosetsa muverengi, asi achidzura shumba ndebvu, nekusvina mamota embwende. Anotamba nemazwi, asi achifukunura mazimbambaira eruzivo rwuri mururimi rweChiShona zvekuti unobva waona kuti chokwadi vanhu vanonyora vakapakurirwa nemugwaku kuti vave mhizha.

Maziso ake anoona zvinoonekwa neruzhinji, asi chipo chake chiri mukutora izvozvo zvamunoti zvemazuva ese, obva azvisvinyanga semusuva wesadza. Munomuona Memory Chirere achiseva musuva iwoyo mumarwadzo kana mibvunzo inenge minzwa michena yemuunga mosara makashama iye achitsenga.

Nhetembo dziri mubhuku rino dzinobata nguva, nzvimbo, maonero nematingindira akawanda. Chave kudiwa ibhuku rekupenengura zvinhu zvakawanda zvaanobata – maonero ake ehudiki, pfungwa dzake pamusoro perudo, kuseka kwake hupenzi huri matiri – kusvika mumaburitsiro aanoita mapere ari murima rehupenyu hwedu.

Ignatius Mabasa, Harare, 2023.

Kune vose vanofarira basa randinoita ndinoti:

hakuna nguva inodarika ino yatiri.

## Bhuku revanhu

Ndave kutya
nekuti handisati ndanyora
bhuku revanhu.

Kana ndazoripedza
vanhu vanofanira kuona kuti
ndivo vakarinyora.

Vanhu vanonyora bhuku ravo
nemipinyi nemapadza nemajeko nemitswi
nemisodzi nedzihwa nedikita.

Ndorinyora seiko bhuku iroro
richaita kuti vana vazhinji vazvarwe
mumisha, mumakomboni nemumaguta?

Bhuku revanhu chairo chairo
rinofanira kungwadza nzeve idzi
kuti tigone kunzwa kana kukura kwechibage.

Bhuku ngaribate badza zvakanaka naka
kuti risateme mbatatisi nembambaira nenzungu
nenyimo nefodya nedonje.

Bhuku ngarishamise kunge nhau
rigoyerera semvura yerwizi rukuru
kuti rive bhuku chairo chairo revanhu.

Bhuku ngariite kuti vanhu
vauye kwariri
sezvinoita zvipembenene kumagetsi.

Ini ndave kutofa veduwe
ndine bhuku revaridzi mumusoro
nemuhana nemutsinga nemuhope dzangu.

Kana mondiradza pakuguma kwangu
musandirege ndichienda nebhuku revanhu
nekuti ringandiremere murwendo rwangu.

## Baba vaTino

Zita rake ndiTinotenda.
Anopoya nepagwanza achiuya kuno.
Baba vaTino vanoshanya pano nepapo.
Ndinoona nepagwanza kuti havabvise heti.
Vanofambisa makumbo sekunge vari kurova bhora
Ndekupi kwandakamboona munhu anodaro?
Ndekupi chaizvo?
Kana kuti ndakambogadzira mota yavo?
Ndakanganwa.
Hanganwa dzinenge dzegunguwo.
Ndaona vanhu vakawandisa.
Baba vaTino vanofamba naTino kupinda mumba.
Ndinovaona nepagwanza.
Nyaya dzavanotaura vachifamba handidzinzwe.
Kana ndikarereka musoro handivanzwe.
Baba vaTino vanotaurira pasi chaizvo.
Vanoita sevari kutaura nevhu pakudzura howa.
"Shamwari, ndatorawo, usadzimbikane."
Ndinongoona chirebvu chavo chinenge mengo.
Tino anodzoka kwandiri senyuchi kuruva.
Tino anoda kutonongora chibage neni pamumvuri.
Ndinomuudza kuti chibage ichi ndechekumunda.
Ndinomuudza kuti ndine munda muno mudhorobha.
Anobva aseka mweya uchipoya nemumavende.
Ndinobva ndasekeswa nemasekero aTino.
Ndinoziva kuti Tino haasati atsika mumunda.
Kana akauona anenge ari mubhazi chete.
Ndinomuti kwatiri kuita kunonzi KUTONONGORA.
Ndinomuti, "Ita KUTONONGORA tinzwe."
Unonzwa Tino oti, "Kutenongera."
Ndomuti dzokorodza zvakare.

Anozopedzisira atiwo, KUTONONGORA.
Zvinondifungisa makiyi anovhura chimayi chawo.
Gugu naMimi vanenge vachitamba bhora.
Gugu naMimi vana vangu ini.
Vanenge vachitamba bhora patsangadzi.
Gugu ndiMessi, Mimi ndiRonaldo.
Ndinovati maBhanyamulenge nokuti havatane kurwa.
Amai vavo vanovati Tema naNdikutemewo.
Mazita enyenyedzi dzisingasiyane.
Ini ndinotonongora chibage naTino.
Ndipo panobuda mai Tino kubva mumba mavo.
Vanobva vangobata muromo.
Vanoona ndiina Tino tichitonongora chibage.
Ndinoita sendisina zvandaona.
Kusaona mukadzi murefu mukobvu.
Gugu naMimi vanombosiya zvebhora.
Vouya kuzotonongora neni naTinotenda.
Vanhu vana vanotonongora chibage mudhorobha.
Vachitariswa nemukadzi murefu mukobvu.
Gare gare Gugu naMimi vodzokera kubhora.
Pamusi wakadai baba vaTino vanobva vasvika.
Ndinovaona nepagwanza.
Ndinenge ndichitonongora chibage naTino.
Ndinovaona nepagwanza kuti havabvise heti.
Vanofambisa makumbo kunge vari kurova bhora.
Ndekupi kwandakamboona munhu anodaro?
Ndakanganwa nokuti ndakaona vanhu vakawandisa.
Baba ava vanonyemwerera kunge munhu wemubhuku.
Ini ndinobva ndati, "Tino, baba vako."
Tino anosimuka ondombundirana nababa vake.
Ndinovaona nepagwanza panosangana waya neheji.
Vanobatana vakadaro sezvingwa zvine bhata pakati.
Ndinofunga baba vaTino vanobuda tumisodzi.

Handingatuone neheti yavo inovhara meso.
Asi ndinotunzwa twumisodzi twandisingaone.
Dai vachingoita kuti ndione meso nepagwanza.
Vanopinda mumba iri kuseri kwegwanza.
Vanenge vachikwazisana namai Tino.
Gare gare Tino anodzoka totonongora tose.
Panozobuda baba vaTino vanonditarisa.
Chete meso avo handiaone neheti.
Vanoita sevari kuona mudhuri murefu.
Vanopinda mumota yavo yakakura semba.
Vanovhara gonhi remota zvinyoronyoro.
Vanomutsa mota yavo pave paya.
"Bhabhaisa, baba, Tino," ndinodaro.
Tino anosimudzira baba vake ruoko.
Baba vanodzikisa hwindo mota yoenda zvinoronyoro.
Rimwe zuva Tino anouya neshati kwandiri.
"Zvanzi oi hembe nababa vangu."
"Gadzika pasi," ndinodaro kuna Tinotenda.
Zvinonetsa kuti ndivhundutswe nemunhu.
"Uti, zvanzi neni maita," ndinodaro.
Shati yezera rangu chairo vaiziva sei?
Gugu naMimi vanosiya kutamba bhora.
MaBhanyamulenge angu anoyeva shati yemavara mavara.
Baba vaTino vanodarika voenda kumota.
Vanoita sekunge havana zvavakonzeresa.
Ndinonzwa kurira kwemakiyi avo emota.
Ndinoona mai vaTino vakanditarisa.
Ndinoita kunge ndisingazive kuti vakanditarisa.
Ndinovasimudzira maoko angu ndoabatanidza.
Maoko angu haarire asi ndinenge ndichitenda.
Vanonyemwerera saka rinobva pasi kusvika kudenga.
Tino anonditarisa nemaziso anenge embeva.
Baba vaTino vanoenda kuti vapinde mumota.

18

Ndipo panorira chinhu chinenge pfuti kuti wayaa!
Gugu naMimi naTino namai Tino neni tinoshevedzera!
Tinosvetuka tose tichizvikanda kwake kwake.
Gwanza rinobva razaruka kusvika kumugwagwa.
Ndinoona baba vaTino vari pasi pemapazi emuti wadonha.
Vanenge vakanamirwa pamotokari nemapazi emuti.
Vanoita semunhu ari pamuchinjikwa.
Baba vaTino vanobuda ropa.
Heti yavo inenge yasendekera.
Ndinoona hope yavo nemusoro wose kekutanga.
Pane zvandinobva ndacherechedza nekukasika…
Ko, baba vaTino zvaari… Gibson Chiseko?
Mukomana aimhanya sebara kusvika arova tambo.
Ini ndichimutevera semupurisa vamwe vari kure.
Maticha nevamwe vana vachitikuza.
"Ndini hangu, mukoma…"
Baba vaTino vanobuda pachena.
Zvinondibaya moyo kusangana naye nenzira iyi.
Ndinomusimudza ndomupukuta ropa nehengechepfu.
Ndinomusesekedza sebhasikoro kupinda mumba mangu.
Amai vaTino vanotevera semunhu ari kutsvaka mombe.
Vadzimai vangu voti, "Tigashireka mai Tino."
Ndinosesekedza Gibson Chiseko sebhasikoro.
"Mai Gugu, hunza mvura inodziya nejira,"
ndinotaura sekunge neniwo ndine ronda…

**Ndaimhanya**

Ndikaona muenzi osvika pamba ndainomumbundikira
ndichimhanya.
Ndonanga kunoudza vakuru vari mumba kuti kune muenzi
ndichimhanya.
Ndikaona shiri yandaida iri mudenga ndaitevera nepasi
ndichimhanya.
Iyo ichienda kumiti iri kure ichiona kuti pane ari pasi apo
ari kumhanya.
Ndaiti ndikatumwa upfu kumhiri uko
ndaimhanya.
Kana ndave kubva kumhiri ikoko neupfu
ndaimhanya.
Ndaipa vakuru upfu ndoenda kundotamba
ndichimhanya.
Ikoko ndaiwana vamwe vachimhanya
ini ndomhanyawo navo.
Taimhanya tose dakara zuva rasvika pakunyura
ndozomhanyira kumba.
Ndaimhanya.
ini ndaimhanya.

## Kuimba shiri

Mangwanani oga oga anonditokonya
nenziyo dzeshiri kunze uko.
Mibvunzo inondibaya majekiseni:
dzaonei shiri kuimba kudai?
dzadyeiko shiri kuimba kudai?
richanyura dzose dziri mhenyu here kudai?
dziri kufara here kuimba kudai?
dzinoziva here kuti dziri kuimba pakuimba kudai?
dzinozviti shiri here kana dzotaura pakuimba kudai?
dzinoziva here kuti ndinodzinzwa dzichiimba kudai?
dzikaznziva dzingarambe dziri shiri here kudai?
ndingade here kudzoka seshiri mune humwe hupenyu kudai?
zuva idzva ndere shiri chete here kuimba kudai?
kune shiri inoimba nhasi mangwana yorega here kudai?

# Detembo

Mangwanani.
Kuri kuratidza kuti kuchapisa.
Kwozonaya?
Chiiko chinenge tsamba ichi?
Idetembo randakanyora kare kare.
Ndaimboda kureveiko?
Chiiko chaindinetsa ipapo?
Musikana here wandaipfimba ipapo?
Kuti mazidoro andaishapira ipapo?
Kana kuigadzirisa inonetsa iyi.
Ndave kungoirudunura sechirukwa.
Aha!
Ndairudunura zvino.
Aika!
Ndorukei neshinda yakaora kudai?
Aha…
Regai ndipe vana vatambise zvavo.

**Kutadza**

Pose pawatarisa
unoona paine
munhu ari kutadza.
munhu achitadza
kutenga maputi.
kutoona
achitadza kutenga
sipo. kutadza
kutenga chingwa.
kutadza kutenga
peturu. kutadza
kutenga nesadza
zvakanaka nakawo.
Kutadza kutenga
chingoto kutadza.
Kutadza kubuditsa
matemba nemisongorera.
kuzvikanganwahamawo
hatichataura. hakusvikike.
kutadza
chaiko chaiko.
kutadza
kutadza
kutadza.

## Shamwari yangu

Ndiri kukuona zvangu uchidya
bota remwana, shamwari yangu.


Ndiri kutokunzwa
uchiimba kambo kapfupi, sahwira wangu.


Ndiri kuteerera izvozvi
uchirehwa nembwa nekatsi, mumwe wangu.


Ndiri kuona matsimba emazinjombo ako
mumatope nemuguruva nemujecha, hama yangu.


Kana mhepo ichivhuvhuta saizvozvi
nyatsoteerera, nhai chirombowe!

## Kutsvodana

Kutsvodana kwamuri kuita uku matumwa namufundisi saizvozvi
kwatuma zvakawanda mukati kati mangu iniwo pachangu.
Ndatanga kuvhura mapeji zviya zvinoita vanopengeswa nefundo.
Kutsvodana kwamuri kusimbirira imimi vanhuwe
kwaita ndinzwe kuti heya zviye neniwo ndinotoriwo nenyama
neropawo mukati umu zvinopisa samaware masikati aGumiguru?
Muchitotsvodana zvenyu pavanhu zvitsvene tsvenewo saizvozvi
ndotoonawo muchiringwa chero nebete riri pakati perwendo
richitomira kuti riringe iro risati rasvika kuchengo kwariri kuenda.
Muchitosainawo henyu mubhuku rerudo ketekete nepenzura saizvozvi
zvaita kuti nditi heya pasi pano pachiri kuitwa zvibvumirano nhai
zvisinei nekupopoma kwemvura murwizi kana kushaika kwayo?
Ndichidhidha mumazwi emanja anorohwa nevanhu muchitsvodana
ndaramba ndichiona sendakafa kare asi ndichimupenyu kudai
kunge ndiri kutonderwa nevaye vaye vaimbenge vari panyika!
Muchitsvodana kudai matumwa namufundisi anenge gondo
ndatonzwa inzwi rehupenyu hwangu kuti rashoshoma seremushamarari
werwiyo rwusina mudaviri kubva ndaita sendiri kurota pamambakwedza.
Ehe, ndayambuka ndokuona kakokorodzi kapwa hako sekusina kunaya.
Hapasi ipo here apa pataidhidha vakomana nevasikana, ndabvunza?
Ndadairwa nani? Vanhu vemazuvano vachaziva mibvunzo nemhinduro?
Kuita zvako sewakashanya asi uchiri munyika yaamai nababa.
Ndozowana pakadzikira mujecha kuti ndichere nemaoko nyore nyore
kuti ndibate mvura yepasi ndinyavise huro yangu yangoti papata.
Ndadzoka ndokuwana muchitotsvodana ndobva ndaita chadzimira
sezvinoitika ndichimhoresana neshamwari inobva kare kare kwazvo
yobva yanditarisa nepamusoro pehope yangu yashanduka nekurarama.
Ndobva ndatoda kuziva kubva kushamwari iya yakare kuti
dzichiripo kare nzvimbo dziya dziya taienda tose paupwere?
Kusatoziva zvangu kuti chinosara kwenguva ndefu muhwezva
wemhuka ichienda ichimhanya kekupedzisa iro bara riri muhudyu.

Mukati kufa nekushanya zvakanyanyosiyana here nhai veduwe?
Kana zvimapepa zvandainyora sejaya inga wani zvine ingi
asi inenge yanezuro kupenya kwayo ichidudza mazwi andaiveza
ndotoona mazwi andainyora sejaya ndichionawo kupinza
kwainge kwakamboita njere dzangu ndisati ndave kungotenderera saizvozvi.
Pfungwa dzangu dzaimbenge dziri banga chairo rinocheka nyama.
Munzeve ndodzinzwa nziyo dziya dzataiimba vadzidzisi vakabata shamhu
mabhazi achidarika nemutara aine migoro netswanda newaya nemagejo
nemadhiramu kana nembudzi pamusoro pawo akananga kuDande!
Heya muchiripo imi vachati? Muchiri kungotsvodana pamberi pevanhu?
Munozivawo here nhai vana imi kunyura kwezuva madeko richiti
tsvuu sechaimbove chiropa vafudzi vachiti tsviyo tsviyo miridzo
vachindovharira mazimombe anodai kugwedaira setsikombi isingavhevheke?
Heya muchiri kutotsvodana zvenyu nanhasi?
Ndanga ndaenda kwandakamboenda nemotokari yangu yandaive nayo
apo tangi rangu ndainge ndazadza ndichienda kusina mapurisa.
Dai kuri kungopera kwemakasa andaichovha zvaive nani.
Uku kupera kwepeturu ndisati ndapedza mitunhu yandaifanira kupedza.
Ehunde, ndiri kunzwa tsvodo dzenyuka idzodzo
nekuyeuka kuti ndigere pano newandakawanana naye gochanhembe
musati mazvarwa nekuti vaizokuzvaraiwo ndivo mazera angu inini.
Mufunge, tichiri vapenyu nekuti hapana kana akafa!
Zvakare kune mbeu dziri kubuda muvhu nyoro riri panze apo
nekuti kuchine zuva rinokudza kana zvinhu zvakaringana saizvozvi.
Ahiwee, penzura yangu yave kupota ichitsvedza iyi!
Ndichazvirega izvozvi zvekungogaronyora izvi
imi muchingotsvodanawo chete muchiroverwa maoko nemhomho
inosanganisira vabereki venyu nehama neshamwari vasinganyare kutarisa.
Naivo havazive kuti tsvodo kusveta derere here kana kuti kuridza muridzo?
Vanenge vanofungawo kuti tsvodo ndirwo rudo nerudo itsvodo.
Dai pfungwa dziri badza dai ndatodzirovera padombo mundima ino
kuti rimwe ivhu ridonhe ndiwane kucheka pasi nyore nyore izvozvi
nekuti benzi rino ndizvo zvarinogona chete zvekurima nebadza repfungwa.

Hezvo, muchiriko here uko vachati? Idi, munenge munodanana imi!
Dai ndanga ndauya nekabhotoro kangu ndamboti ka kuti ndidzoke.
Vana ndakabara nemusha ndikavakawo asi ndinoramba ndichinzwa
sekunge ndiri chidzenga chakazvarwa chembere dzabva kudoro.
Ungati hapanawo chandati ndapa vanhu kuti vatambirewo
nemaoko kuti vachengete pakanaka pasingasvike zhizha nechando.
Yaita zvayo mvura yauya kuzodzima tsoka dzako nedzangu.
Njombo dzangu pamukova weimba isina munhu mukati umo
ichapupu chekuti paimbove nemunhu aipfeka chinhu kugumbo.
Chokwadi shoko rose randakataura kupfumbuka here seutsi?
Mati ini ndiende kundosangana neuma here nhaimi vanhu?
Imi musingamire zvenyu kutsvodana matumwa naiye mufundisi?
Muchandipei kuti ndigozoramba ndichikuyeukai kwandinoenda?
Tsvodo aiwa nekuti inoenda nemuridzi wayo ndichisara ndiri ndega.

## Kwatiri kuenda

Ndanzi nditaure newe
nekuti kwanzi unenge unoziva kwatiri kuenda.
Hongu…
unoziva kwatiri kuenda iwe.
Hanzi unonyepera kusaziva uchiita seusingade
kuendawo kwatiri kuenda.
Izvi zvataurwa nevamwewo vanoziva chaizvo nenyaya
yekwatiri kuenda.
Hanzi unotoziva nguva chaiyo yatinosimuka
pakuenda kwatiri kuenda.
Ndambopikisana chaizvo nevanhu vose ivavo
asi kwanzi unonyatsoziva
chaiko chaiko kwatiri kuenda.
Vabva vatanga kundiseka kuti sei ndisingaone munhu chaiye
anoziva kwatiri kuenda.
Ndamboda kukubvunza kuti:
Nhaiwe, unoziva here kwatiri kuenda?
Asi ndikanzi ndirege izvozvo zvekubvunza.
Hanzi: ngandingotarisa chete paunotsika
nditsikewo.
Ndichizviitira kuti iwewe
unoziva pekutsika tichienda kwatiri kuenda.
Ini ndaida kuziva kwatiri kuenda
asi ndanzi kwauri kuenda ndiko kwatiri kuendawo.
Hanzi hatikusiye nekuti iwewe hautisiye
Parwendo irworwu rwekwatiri kuenda.
Ndaudzwa kuti iwe ndiwe unoziva kana nguva
yatichasvika kwatiri kuenda.
Hanzi wagara basa rako nderekuziva.
Zvichinzi nguva zhinji unenge uchinyora pasi
nezvekwatiri kuenda.

Pakutanga
ndaitoti hauzive kwatiri kuenda.
Ndichitoseka ndichitoti ke-ke-ke-ke!
Ndikasvika pakutorwa parutivi ndikatsiurwa.
Ndikanzi ndisanyanyotarisa kupusa kwehope yako
nekuti unotoziva kwatiri kuenda.
Hanzi hauna kupusa asi kungonyarara chete
murwendo rwekwatiri kuenda.
Hanzi kana ndine nharo ngandibvunze munhu wese
ndigonzwa kuti ndiwe chete
unoziva kwatakananga parwendo irworwu.
Hanzi kana tasvika kwatiri kuenda
tichaudzwa newe kuti tasvika!
Hanzi kwatiri kuenda
kunokura uswa zvekuti dhu.
Zvanzi sora rekwatiri kuenda
rinotapira nekukudza mombe
dzichiita senyati dzimwe dzichirembedza mikaka.
Hanzi kwatiri kuenda
kunewo miriwo mizhinji
nemhuka dzenyama dzisingagone kutiza vavhimi.
Saka ndapota zvangu, usavhunduke.
Ndinoda kuti nditi: ramba wakananga
kwatiri kuenda.
Zvanzi ndidye zvaunodya nekunwa zvaunonwa
kuti tisvike kwatiri kuenda.
Hanzi hautaure nemunhu wose wose
nezvekwatiri kuenda
nekuti ruzhinji haruzive
kwatiri kuenda.
Rwunongoti, "Inhamo chete, hapana kwatiri kuenda."
Havaone kuti tiri kuenda.

## Kuchera

Pose panocherwa
gomba remarara
kana gomba rekudyara chibage
kana guva remudikani
ndinonzwa sekunge
riri kucherwa kumusana kwangu
nekapadza kadiki sembezo
pakati pekakova kaye
kanoyerera nemvura pakugeza.
Mimwe misi
kana nyika ichicherwa
ndinorinzwa badza
kuti javhu javhu javhu
kekerereeee
kumusana kwangu
asi ndoona kuti
inga pasi zvapo pari kucherwa.

## Zvandinoda

Ndinoda rudo nekuti rwunonyeredza
Kana ndada munhu ndinonzwa kunyunguduka
Ndobva ndaziva handina kusimba kana ndiri ndega.

Ndinoda nyoka nekuti inondityisa
Painozvonyongoka ndobva ndaziva ndine hana kurova
Painoshinyira nekusimudza musoro ndobva ndaziva inoruma.

Ndinoda bhanan'ana nekuti rine ruzha
Kungoti dhiriri ndobva ndanzwa kuti nyika zienda nakuenda
Vai vai ndobva ndatya sezvandinofanira kugaroita.

Ndinoda ivhu nekuti harinyepe
Rinomeresa mbeu yechibage mumazuva akatarwa
Ukanzi nyora pasi unonyora pavhu hana yako.

Ndinoda zuva nekuti rinobuda richinyura
rigobuda richinyura richibuda richinyura
richibuda richinyura sebenzi rakanaka.

Ndinoda rufu nekuti rwuri kundichingura samai vangu
Rufu pane muimbi asina kurwuimba?
Iniwo sebenzi ndakatombonyorawo nezvaro zvekare.

## Vana vandakaticha

Aita mawara okuisa ruoko muhomwe mangu
achibva aburitsa dhora ndisina kumupa.
Ndaita zvangu sendisina chandaona achitora mari.
Abva aonekwa ipapo nevana vandakaticha.
Vaisa ndiro dzezvavanotengesa pasi ndokuti naye!
Ndabva ndakwidza kupinda mubhazi reDharuweni.
Ndawana hangu pekugara ndokudongorera panze.
Ndamuona achangobatwa nevana vandakaticha.
Vanga vakamumbundikira vose sevanomuda.
Vachiuya naye kuhwindo rebhazi kuti ndizvionere.
Ndaona achizozvuzvurudzwa pamusika weBindura.
Anga achinzi, "Haungadaro kuna mudhara wedu!"
Ndanzwa achidavira achiti, "Maiwee kani!"
Ndichibva ndatanga hangu kumenya bhanana.
Vana vandakaticha vamutenderedza sechamupupuri.
Ndanzwa iye achiti, "Handichambozvipamhidza!"
Ndichibva ndavhura kokora inotonhorera chaizvo.
Apidigurwa sechidhori achizunzwa homwe dzake.
Atorerwa zvose nedhora raambenge anditorerawo.
Ndapfeka magirazi angu kuti ndinyatsoona zvose.
Vamwe vana vandakaticha varamba vachiungana.
Ndaisaziva kuti vawanda semawuto emasvosve kudai.
Muchinda azhamba zvanzwikwa nevanga vari mubhazi.
Ndikatoti, "Asi ave kutovhiyiwa sembudzi here?"
Aroverwa pamutumbi webhazi seumhutu kumadziro.
Anga achibvunzwa kunzi, "Unoda kufa here iwe?"
Ndamunzwa achiti, "Aiwa musandiuraye. Musauraye!
Ndanga ndichingodawo kurarama chete chete."
Vambomusimudza zvatinoita munhu agowesa bhora.
Vazosimudza nehope yake zvakare kuti itarise kubhazi.
Vatanga kucheka cheka mhotsi dzake nechainge chigero.

Pabva pazoitika chinhu chaisafanira kuitika, mufunge.
Nekuti ndaona ari Tendai J. Chiwanza wekwa Tembo!
Aimbenge ari hedhi bhoyi pamazuva angu ndichivaticha.
"Zvakwana!" ndakamba asi handina kana kumbozvinzwa.
Ndazongonzwa mawungira enzwi rangu kuti nderangu.
Tendai aimbenge andibatsira kuwana zvose zvinofanira
kuwanikwa nemunhu kuti ave munhu muBindura.
"Zvakwaaaaaaana!"
Ndichikamba kudaro vana vandakaticha vazomurega.
Ndaona achimuka achimhanya nemusika sedzvatsvatsva.
Mbatya dzake dzanga dzichizeya sedzenguwo dzechinyau.
Mugumbo anga asara neshangu imwe chete ine mamheya.
Ndaburitsa foni ndokumutora pikicha achitiza kudaro.
Ndosaka ndichigaroti: kana pandinozofawo hangu inini
mweya wangu wose zvawo haungagone kubuda muBindura.

## Basa

Ndinokwereta
kuti ndigone kuenda kubasa.
Ndokwereta
kuti ndigone kudzokera kumba.
Ndokwereta
kuti pamba pagarike.
Kana
kuenda kubasa
kana ndakwanisa.
Pandinosvika pabasa ndichinyemwerera chaizvo
uku ndakapfeka shangu itsva
uku
ndakabipitira chitsapo chembuva yangu
mukuru wepabasa pangu anoringa zvake divi.
Ndinoshanda
musi wandinenge ndagona kusvika pabasa.
Kushanda kunge gwiba pamwena
kushanda kunge bhande rechigayo
ndozoenda zvangu kumba
ndichiimba nziyo dzepasichigare.
Mudzimai wangu
naivo amai vangu nyakubereka
vanodzungudza misoro voringa zvavo divi
ndichisvika
ndichiita kunyahwaira semudariki wenzira.
Baba vangu nyakutumbura
havachaziva kuti chii chaizvo
chave kuitika kubasa rangu
irori raimbove nechiremera.
Asika
vanoziva kuti handimbofa ndakariregedza basa iri.

Vanotoziva
kuti ini chaiye handisi benzi.
Saka
ini ndiri kuenderera mberi
izvo zvichiendererawo mberi.
Yave mbwa inotandanisa muswe wayo!
Ingaubate sei?
Asika
tose tinoziva kuti hatipenge.
Ndongotenderera ndichibata bata.
Tave kungobata bata
kwakasiyana siyana
nekukasika
kuti
tirarame.
Wotochengeta basa.
Wochengeta mhuri.
Wochengeta nyika.
Usacheme.
Benzi remunhu!

## Munhu wekuZimbabwe

Taivhima makobiri munjanji kuti titenge zvinonaka.
Ipapo takaona ziheti rakabvaruka pamusoro richisimuka
zvinyoronyoro mumapuranga nematombo emunjanji.
Chiiko icho?
Takaona munhu achiserera kudzokera pasi munjanji imomo.
Akatanga kunongedzera mukanwa kunge aiti: positai tsamba umu!
Mukanwa make maive mutsvuku muchibuda furo resipo.
Ari kuda chekunwa nechekudya, takafungirana pamwechete.
Takamhanya mhanya kuunganidza kudya nekunwa.
Takadzoka tomuposha nekumuposha nekumuposha.
Aingoti gurwi tangarwi gurwi tangarwi gudyu.
Ziya ndiye teu teu kunge ari mumubvumbi.
Akati bububu kuombera munhu wese aive ipapo.
Takanyemwerera kuti asaone kuti tiri kushamisika.
Akacheuka ndokutarisa kubhodha kwaainge auya nako.
Aiona makomo miti nzizi nemadzimudzangara?
Akazonyatsogara pasi ndokuvhura zibhegi rake.
Mati maonei?
Akabva atanga kuburitsa zvitupa zvake zvakawanda wanda.
Achizvipishinura nekupishinura kubva makavandika mebhegi
Caetano haatye saka akabva aswedera pedyo
Ndokudongorera achiona mapepa ose iwayo:
Takaona Caetano achinyemwerera ndokuzonzwa oti:
"Ha-a, munhu uyu ndewe kuZimbabwe! KuZimbabwe!
Zvitupa izvi zviri kuti uyu mudzidzisi akafunda zvikuru."
Takashamisika ndokukanganwa kuti taive munjanji.
Caetano akati fambe fambe achifunga ndokuti kwatiri:
"Mukagonditarisa chete wani?
Ndati ticha uyu ndewekuZimbabwe!
Hamuone kuti zvatinakira?
Handei naye kuchikoro tigofundiswa zvakawanda.

Tazviwanirawo mudzidzisi wedu!"
Ndiwo mawaniro akaita Mr. Alfred Gadzirai Chisango basa.
Nanhasi vanotidzidzisa zvose zvinodiwa mukurarama:
Zvinoitwa nezvisingaitwe
Zvinopisa nezvinotonhora
Zvinonaka nezvinoshata
Zvikuru nezvidiki
Nekuti zvose izvozvo vakazvidzidza kwavo kuZimbabwe.
Hapana chatingaite asi kungoti: Viva Zimbabwe!

## Nezuro

Nezuro ngandiite zvivindi ndokudzokera kuchikoro changu
kwandainge ndisina kudzokera kwamakore mazhinji.
Mufunge, ndakasvikosangana nemweya wangu ikoko.
Wakasimuka kubva muguruva ukasvikondichingamidza:
"Tarira, vakarega nzvimbo ino ichiwondomoka usipo."
"Hongu, ndiri kuzviona," ndakadaro, ndichiyuwira.
"Vangabva vatadzawo kudiridza nemaruva?" ndakabvunza.
"Uri kungozvionera," mweya wangu wakandipindura.
Vanhu vazhinji vandisingazive vakandidongorera nepamahwindo.
Vachiita sevaida kuziva kuti mubvakure uyu ndeupi.
Neniwo zvakandinetsa kuti chii chaizvo chandaitsvaga ipapo,
zvekare sei ndaichitsvaga ipapo?
Ndakashevedzera kune vamwe vasikana ndichiti,
"Imi! Imi, ini ndakafundawo pano kare kare."
Vakabva vaseka zvavo vachiti urii!
Vachirovana maoko sezvaiitwa nevasikana venguva yangu.
Ndakarwadziwa zvakanyanya kunge shiri isina mapapiro!
Pasuo remba huru yataidyira ndakakwazisa mai vaimbotibikira
ndichibva ndaramba ndakabata ruoko rwavo kwenguva,
rudo rwangu kwavari rwuchibvinina rwuchizadza dziva
ndichibva ndavaudza zita rangu ndichiti vandiyeukewo.
Ndakanzwa ndangariro dzezvavaitiitira tiri vadzidzi dzichidzoka.
Kutipa sadza nebota negoko netii nechingwa nebhinzi nerudo!
"Zvamunoona, ndakadzidza pano makore makumi maviri akadarika."
Asi mai vaya vakobvu vatema vasingachembere ndopavanoti:
"Iniwo ndagara pano makore makumi maviri nemasere."
Kuita setainge tokwikwidzana nhai?
Ndakatanga kufamba famba panzvimbo iyoyo
Ndichifungisisa mazuva ehupwere hwangu ndichagara ipapo
Uchenjeri hwandinahwo
Ufuza hwandinomboita

Umhizha hwandinahwo
Rudo rwandiinarwo
Nekwese kwandakashanya muupenyu huno
Ndakazvigona pamusana penzvimbo iyoyo.
Ndakamutsa kamotokari kangu ndokuenda
Ndichidemba kuti sei, sei, seiko chokwadi
ndave kutadza kukwana pandaikwana kare kare chaizvo?
Ndakazvibvunza kuti:
dai ndiri munhu, ndinganzi ndini aniko?
Zvakare: chiiko chandingaite kuti ndinzi Munhu?

## Mashoko

Shandisa zvako mashoko kunge pfuti
shamwari! Ingoti zvako po-po-po-po!
shamwari. Uchidambura mbariro
dzakabata imba ino. Po-po-po-po!
sekuimba kwevaimbi vemazuvano.
Shamwari taura! Taura zvako iwe
kunge uri kudzikisa mazhanje
mumuti- pa! pa! pa! zvese zvidonhe.
Shamwari yangu taura zvose
kusare zvimbishi! Riga zvinhu nemuromo
sezvinoita gidi: kakarara-a-a-a-a bvuuu.
Wozoti zvako povo-povo-povo-povo zvekare nemuromo
iwoyo unenge mwena wegwiba-
Chitauraka! Ndiri kukunzwa.
Zuva rekuno rinokanganwa kunyura iwe!
Naiwo mapenzi ekuno ave kupenga iwe!
Povo-povo-povo.
Povomupovo chamuninga povomupovo!

## Muchipatara

Dai ndine chipo
ndaida kudhirowa
tiri zvatiri izvi.
Kuti vana vazoona
kuti takamborwara
asi hatina kufa.

## Dai

dAI pasina vakamhangara. kuti ndiri kutora Zvinhu. zvepabasa .Ndingadai ndakasmuka zvinoTotyisa masabhuku ose Ekumusha. kwangU. Dai pasina iwe unoverenga zvizina maturooo kukudai. ndhingadhai ndisiri, munyori. Ndingadai ndiri dafi rezhizha. rinofarira mvura. yarisingazive kuti yabva kupiko. Uye ichapwa riiinhi. Richingoti: dafi nemvura ihama nehama.

## Mukanwa

Tiri mukanwa mechinhu
chiri kutitsenga zvishoma nezvishoma.
Zvishoma nezvishoma nezvishoma.
Chombomira pachinenge chamhoreswa:
"Makadiiko Mhukahuru?"
Chobva chatanga kutitsenga zvakare.
Zvishoma nezvishoma nezvishoma.
Chombomira…
chichipfekedza mwana wacho bhurukwa.
Chotanga kutitsenga zvakare.
Zvishoma nezvishoma nezvishoma.

## Kudhirowa

Mapiki nemafoshoro
zvakasendekwa pakadaro apo.
Hakuna ari kutarisa kumapiki nemafoshoro.
Harahwa yebvudzi jena
yakabereka maoko kumusana.
Nguwani nhema ine mavara machena nematema
yakapetwa iri muhapwa.
Harahwa inonongedzera pasi
yobva yadzokera shure negotsi
ichiramba yakanongedzera paye paye.
Mumwe muchinda ane bhachi risina mabhatani
obva atema ipapo nekanenge kapadza kuti ja-a
obva asuduruka achizunza bvudzi rakamonana.
Anomira obata muchiuno mebhurugwa risina bhande.
Varume vanotora mapiki vombosiya mafoshoro
votanga kuchera pasina anotaura.
Vanochera kunge vasingazive chavari kuchera.
Kunge vasingazive kuti vari kuchera.
Harahwa inoratidza kugutsikana
yotanga kufamba zvinyoronyoro ichienda.
Iri kuteerwa nekambwa kane makwamba
kari kunetseka kumhanya mumashure meharahwa.
Zvakananga kudzimba kwakaungana vanhu.

Pasi pakapfava zvekuti ungatopachera nechigunwe
ukasvika pakutobata mvura yekunwa neyekugeza.
Hakuna angatadze kuchera pasi pakaorera kudai.
Asika, kana richizenge razocherwa
hakunawo munhu anopinda muguva remumwe.

## Chishuwo changu

Inzwai imi mose:
Anogona ngaabikire magandanga edu agute
agowana simba rekurwisa mhandu idzi.
Uyo anogona usori - ngaaudze magandanga edu zvose kuti
asakoromokere mumakoronga kana kutsika muswe wenyoka.
Imi mune huro - shauraika tidaire zvedu tichienda kumberi
nokuti isu tinotosvikirwa chete kana tanzwa mutinhimira.
Anogona kuridza pfuti - gidi ndirori riri pano rine mabara
saka rinoda kungonangiswa chete nekutetsurwa zviende ikoko.
Kana pane asina nhetemwa - ngaatore demo rakapinza iri
neiro zvakare renzope nerimwe racho iro pedyo nababa avo.
Ane chaanacho mumaoko – badza, poto, sando, mugoti nechii
ngaazive kuti chose chinobatika chitori chombo muhondo ino.
Asika - ngapasawane anomira kumuromo wepfuti achiita nyaya
achikanganisa zvavo avo vanoda kupfura vasingapotse.
Chinzwaika imi, munzwisise:
ngakusawane anoti - nhingi zvaari kutaura nezvehondo
iniwo ndopikisa ndichiti kudini kuti zvinzi ndine ndyerewo!

# Chiramwiwa

Pamusuo, pasherufu, pakabati, pachigaravakwati…
inongove Chiramwiwa Chiramwiwa Chiramwiwa…
Dai uchigona kuvaka mavara taiti zviri nani, Chiramwiwa.
Unotokombamisa mavara kunge mabharani wekwaDotito!
Mabharani Kadohwata akadzidza nepahwindo!
Ndiani angaverenga mabharangisha emadhaka iwaya?
Pazasi pacho apo wanga uchida kunyora kuti kudii?
O! mai vanguwee, wanga uchida kuti Zimbabwe…
Ndokuguma wati Simbarambwa? Kunge kutuka!
Chiramwiwa, ndiani ati ukanye matope iwaya?
Vamwe varipi zvawasara wega mumadhaka iwaya?
Tarisa wati piriviri semutsvanzva wepaguva.
Uchaita sei netsimba rako rawadhinda pajira rambuya?
Uri gudo chiverevere here, nhai Chiramwiwa?
Tarisa zvanza zvako izvo kumadziro emba yose
Dai wageza maoko madhaka asati aoma, Chiramwiwa.

## Maticha musarove vana vechikoro

Maticha musarove vana vechikoro
nokuti vamwe vacho vanokudai
Saka zvinorevei kurova munhu anokuda?

Maticha musarove vana vechikoro
nokuti havagone kukudzoserai
Muchazorova vanhu mavarairwa modzoserwa.

Maticha musarove vana vechikoro
nokuti muri kuvaremadza
Kungofunga kuti wese ngaarohwe kuti ave munhu.

Maticha musarove vana vechikoro
nokuti muri kupara ngozi
Vana vacharova venyuwo nevana vavo.

## Mubhazi

Ndokunoti go mubhazi paHarare
Wanei pagere dzvukumukunda maziso machena
Achizvipena achizvipena agopenawee
pakagirazi kadikidiki kemubhegi asi kachiona zvekuona.
Hanzi ndiri kuenda kuChiweshe kwandinofundisa
Ko vachabhadhara here vanhu ivava?
Ndanga ndauya kuzotora mari yekudya
kuna mhamha nadhedhi nekuti ndivo vakandipinza chibasa ichi…
achipena achipena agopenawee kusvika paMazowe Dam
agoburitsa muzvambarara wenharembozha
agopengera mumwewo munhu pafoni ipapo
Hanzi: wakandiswedza ndakamira zuva rese muna First
Hanzi: unofunga uri chii iwewe panyama yedhongi?
Atukwa munhu agotukwa agotukwawee dakara zvanaka.
Svikei paGlendale munhu jiti zvonanga Chiweshe…
Munhu achingoropodza panhare kusvika ndisisamuone…
Tigare tose, ndanzwa zvonzwarwo—
Hofori yerume simukandikupwatse
Kugara go ndiye zii
Bhazi richizhamba
Richikwata
Richidemba
Richikosora
Richisekawee
Paapiwa tikiti ndazoziva anoburukira paKasimbwi.
MuBindura adya mabhanana mana
Ndokunwa mugomo wekokora asina kufema.
Zvaadzika paKasimbwi akotama ndikaona mabhurukwa maviri mukati
Ndazoona kuti asiya dendere rine sheshe nejongwe.
Ndadzika nazvo zvikanzi nakondakita hatimire asi ndaramba ndichienda
nehuku dziya. Ndipo pacheuka baba vaya ndokuti zvaita sei?

Ndikati masiya dendere renyu rehuku saka ndatorega bhazi richienda
Murume aseka zvikanzi hauchatosara, tave kuenda tose kwandiri kuenda!
Ndaseka ndokugadzika dendere rehuku pasi ndokucheuka ndokuenda
Ndawana bhazi rakangomira richidhuruma
Tati hatingasiye musamariya akanaka, kondakita adaro
Ko inga muchine dendere rehuku dziya, adaro kondakita
Riripi, ndadaro ndichicheuka.
Siyai dendere iro tiende mudhara!
Ndamboti anopenga! Dendere ripi?
Mubhazi vanhu vose vangoti dendere hamurioni?
Ripi? Handina dendere randinaro.
Vamwe baba vazoti tinodzika tose ndikubatsire paMushowani
Murume mutema ane sutu nhema tai nhema bhutsu nhema…
Tadzika paMushowani.
Abvisa bhande ndokuti:
Mushonga wacho ndokukiya zvekuti dhu kuti huku idzi dzisiyane newe.
Zvanga zvisingasekese…
Akumura bhande paye ndokundikwapaidza
Ndokundirurusha
Ndokundishwatura
Ndokundichudika
achiti, mhanya, mhanya, mhanya usiye huku…
Ndatanga kumhanya ndichitevera mugwagwa weDharuweni
Ndokunzwa kuti jongwe nesheshe zvasiyana neni.
Ndamhanya kwenguva nekuti panga pasingamirike.
Izvozvi ndiri kunyora detembo rino pamusika paDharuweni.

# Komuredhi

Nhasi ndiri kunzwa segejo rakasara kumunda.
Ndakangonzi bhidhiri ndiye zii
ndiri pandakasiiwa.
Zvanzi pfava, tichakuona kana zvanaka.
Komuredhi!
Nhasi ndiri kunzwa sebadza rakanzi pfee muchengo.
Kumirira zvangu irove pasi pagute, Komuredhi
nditange kukovhoreswa pasi segwiba.
A! Komuredhi.
Nhasi ndiri kunzwa sechipunu chiri mubota rinopisa.
Kekerere-ee
Kekekerererere-ee
kekekererere
ndichinyengetedza bota rinopisa
kubva kutsiye dzendiro zvishoma nezvishoma
nezvishoma, Komuredhi wangu.

# Kufa

Pane kufa uri muchipatara
Kwouya kufa uri mumba.
Pane kufa nekunakirwa
Kwouya kufa neshungu.
Pane kufa uchifamba
Kwouya kufa ugere.
Pane kufa rumwe rumwe
Kwouya kufa muri chaunga.
Pane kufa uchimuka
Kwouya kufa zvachose.
Pane kufa uchienda mberi
Kwouya kufa uchitiza.
Pane kufa uchipfurwa semufirimu
Kwouya kufa nekuguta sembuwo.
Pane kufa mutezo
Kwouya kufa pfungwa.
Pane kufa waedza
Kwouya kufa sen'yana.
Pane kufaifa
Kwouya kuzongofa kamwechete.
Pane kufa waona
Kwouya kufa uri kuhope.
Pane kufa uchitswanyiwa senda
Kwouya kufa uchinamatwa sekeke…
Kwauri ikoko… uri kufa rudziiko?

## Chimunhu munhu

Munhu asina rwiyo anoimbei?
Munhu asina mutauro anotaurei?
Munhu asina rwendo anoendepi?
Munhu asina simba angasimuke here?
Munhu asina musoro angafungei?
Munhu ave kungotarisa angatariswe here?
Munhu anenge akurirwa angakure here?
Munhu aimbove munhu anganzi munhu here?
Munhu asina chaanacho anongonetsa uyu.

## Detembo risina musoro

Shangu dzangu zhinji dzakaita rundaza madekwana ano muimba yokurara dzinondipa kufunga nzendo dzangu dzose dzandakafamba. Kuita seshangu dzevanhu vandisingazive idzo dziri dzangu! Ndinozvisunya ndichidana zita rangu repanyika. Ndinoona sendisingadzoke kwandinodanwa nguva dzose. Mazvinzwa. Saka iwe pikisa tikakavadzane ndizive handisi ndega. Uneni here? Ndiri ndofa nhasi, ungatoreurura kuti wanga uneni here nhasi uno muupenyu huno? Ungatonderawo bvuri rangu mauro kumadziro emba ndichidya nekuzavaza? Ungatonderawo kukapaza kwemaoko angu? Dzimwe nguva ndinotarisa vana vangu ndoti ndevangu pakudii? Ndevenyika! Kana naivo vana vandinoticha vanobvepi gore negore? Ndevenyika! Zvinonzi ndingatiche chii kuvanhu vane njere kare kudai? Ndiwoka madzimudzangara anonzi hupenyu hwangu. Mavhiri emota akaturikidzaniswa seri kwezimba risingagare vanhu. Asi pane kanzira ketsoka kanobva kugedhi kachiuya kumusuwo wezimba risina pendi. Ndinoona ndichimuka mangwanani pasina chandaita kuti ndinzi ndimuke. Ndorwadziwa neupenyu nehwandisingazive. Tiri varedzi here kana varimi? Ndinoona dzimba dzangu. Yekurara neyokubikira. Negota nenhanga ndoti, munogarwa naniko? Ko zvairi kuenda—humbangu—kudzoka—humbangu? Saka nditori mupenyu kudai? Ndinofema here pandinenge ndakanganwa? Ndinonzwei paya kana ndarivara. Mazingizi? Nditeme tione kana ndichine ropa. Usatye, demo rakapinza riri pano apa. Iti ga tione chinobuda. Kana ndafa uti ndiye ati nditeme ndione kana pachibuda ropa kana doro kana mukaka. Zvangu hazvitevedzerwe nekuti unofira mahara. Haundiwane!
Nekuti paunosvika pandange ndiri, ndinenge ndave pawanga uri. Iri detembo ndokusiirawo mwana wamai. Ugorigadzirisa kana uchinge wawana nguva.

## Zvaipa

Tenderera hako sekobiri rechabuta
Pane shuga uchipfimbika munhava
Pane peturu uchingidzire mumbiya
Pane siwiti ukande mukati mesokisi
Pane sipo ubipitire muhapwa sebudzi
Pane chingwa ugumbatire semwana
Pane mukaka uchibvure usati wakora
Mumhindo ino kamhina uende kuPari
Urapwe nemvura kana vasina mushonga
Udzoke uchimhanya nepakati pemijakaranda
Uverengewo pakanzi: Muporofita pano!
Kana vadzima magetsi usaridze tsamwa
Hausati wagona kuroya saka siyana netsamwa
Ingobatidza rambe zvataiita mazuva edu chaiwo
Utsvanzvadzire kuti mai mwana varara nechepapi
Kana vadzima mvura iwe medza nyota yako yose
Uchere tsime rinobva pano kusvika panogara ngoda
Siyana nemunhu nekuti zvaanoimba hazvipere
Ndanzwaka wenheketo achiwawata hake achiti,
"Ndofa ndichibaiwa vakomana kufa ndichibaiwa!"
Ndikati unobaiwa naniko zvauri marunda ega ega?
Munhu haafe nyore nyore.
Ndokunzwazve wenhovapasi achigurukutawo achiti:
"Oyere ihe, ndakanga ndabaiwa nemaKorekore!"
Ndikamuseka ndichitoti:
"Makorekore vakarega zvekubaya vanhu kudhaaaara!"
Kkkkk, dai zvisingasiririse dai taseka chaizvo.

## Mhamha

Mhamha mukai
Imi mhamha!
Zvanzi bhudhi wenyu Jonah
vadzokera mudumbu mehove!
Ndafonerwa nevamwe vari muhove.
Vashama kuona Jonah achidzoka
mudumbu mehove.
Zvanzi rwendo rwuno haabude
Hanzi hove yacho yati haichada zvekusvipa
munhu ari kuenda kusiri iko.
Heyi mhamha!
Mukai!
Jonah ave kuita zvose zvose
mudumbu mehove kechipiri!
Mukai kani!

## Maraya naMareta

Hakuchazove naMaraya naMareta.
Vaindida ndichivadawo.
Maraya kuruboshwe. Mareta kurudyi.
Ini ndigere go zvangu pakati pavo.
Mimvuri yedu mitatu ichitambira kumadziro.
Zinguwani rangu richiita segondo muchadenga.
Ivo vachinge mazikate mahombe emvura.
Mabhotoro edu achishinyira nekufashuka.
Uyu rake, uyuwo rake, ini rangu.
Tichiita semiti ine mapazi anokwizana.
Vaindinzwa ndichivanzwawo.
Ndichivaudza nezverwendo rweupenyu hwangu.
Vachigutsurira vachizunza misoro yakarukwa.
Vaindiona vachionawo kuti ndiri kuvaona.
Tichitarisa mikwidza nemateru munzendo dzedu.
Tichiseka takatarisa pikicha dzevasikana vangu.
Ndichiti ndibatsirei kushara akarurama apa.
Ndichiti mukadzi anoziva mukadzi akanakawo.
Maraya wangu. Mareta wangu.
Ndaivada vachindidawo.
Maraya kuruboshwe. Mareta kurudyi.
Vachiseka vachishiringinya pazvituru.
Vaiwaridza mapikicha evasikana vangu che.
Vakati, "Musikana wako mutsvuku uyo anoita!"
Vozoti, "Mutema ndiye wako chaiye chaiye!"
Gume voti, "Shara wega, usazochema nesu."
Ndichizotiwo, "Wamada ndamuona."
Ndichizodzorera mapikicha muhomwe.
Vachibva vati bvu kuseka vachindimbundira.
Vachibhabhadzira ronda rangu remukati kati.
Ndichirinzwa richinyarara serafuridzwa kamhepo.

Maraya naMareta.
Ndaivavhurira ninga dzemoyo wangu.
Ndichivaudza kuti foromani anga achinetsa.
Ndichichema kuti rendi yangu yakwira.
Vachinditi nditsunge nekuti upenyu mutoro.
Vachiti ndivake yangu imba.
Vondiudza kwakachipa zvidhinha nesamende.
Tichidzoka tose tigere pazvidhinha murori.
Vaindiudza kuti ndisakanganwe amai nababa.
Tichinosarudza tose mbatya mudhorobha.
Mudhebhe wababa nemujivha waamai.
Maraya ndakamudzidzisa achiri pachikoro.
Ndikamudzidzisa zvakare apedza chikoro.
Usadaro, Maraya obva arega
Famba uchidai, Maraya otodaro.
Maraya huya, otouya seshiri kumhunga.
Maraya enda, oenda sedombo rerekeni.
Maraya mutsvuku sepopo rave kudonha.
Aine ukasha semhiripiri yekuZaire.
Maraya aisarudza kufira pandinofira.
Ndakadzidza naMareta zvekugara naye pabhenji.
Aindiudza Samhu ini ndichimuudza ChiRungu.
Vadzidzisi vachipaumba nekugwauta kwatiri.
Isu tichiratidzana painakidza munovhero.
Mareta akandidzidzisa kurarama tave munyika:
Usadaro, ini ndorega.
Izvozvo zvinopisa, ini ndorega kubata.
Pfeka zviri nani, ini ndobva ndanopfeka.
Mareta aive nehutema hwaivaima setsubvu.
Asi achibvinza runako sejenaguru.
Kana achinyemwerera waiona nyenyedzi.
Aive osvava zvino senyama kana yaibva.
Mareta aitsika pandaitsika.

Maraya naMareta!
Mabhotoro edu takaabipitira sehakata.
Tichiti dzvutu dzvutu kuti zvisapere.
"Chiroora, wakura iwe," ndi Mareta uyo.
"Achimhanyirei zvake?" ndiMaraya uyo.
Ndaibva ndavati fefefe nehutsi hwemudzanga.
Pwititi pwititi ndichivadenha.
Vohotsira vachipaparika vachiita sevachapoya.
"Uri chimbini chaiyo!" vachindipopotera.
Gegege ndichiseka kusada kwavo fodya.
Vozodzoka panzvimbo dzavo semashuramurove.
Vachindiudza munzeve kuti chingwa chadhura.
Ndichivhura meso sendaisazviziva hangu.
Toshevedzera mamwe mabhotoro ipapo.
Kuchiramba kuedza tichingonwa mabhotoro.
Uchibva waona kuti idi, usiku igore.
Taizobvapo voti mumwe kwake mumwe kwake.
Ini ndoti kwanguwo mumhepo yemambakwedza.
Tigoziva kuti tose tasvika pasina kufonerana.
Vakandishaya kwaBhasvi vondiwana kwaJeke.
Vakandiwana vopururudza sevakadzi vemusangano.
Ndichivaudza kuti ndanga ndanzvenga kuti nditi zi.
Ndichiti ndoda kumbogaya nyaya dzangu ndoga.
Vachindiudza kuti benzi ndiro rinotiza shamwari.
Ndobva ndanyara semusikana akandwa shoko.
Maraya naMareta.
Vachirembedza makumbo avo vagere pazvituru.
Vachiaita mizerere sepwere dziri mumuti.
Vachiimbirira mhanzi yairira zvinyoronyoro.
Ndichisimuka ndichitiwo seya seya kutamba.
Vachikuza, "Apokaa apo! Munhu wekwaDotito!"
Imi, ndati hakuchazove naMaraya naMareta zvakare.
Maraya akafira mumugodhi kuShamva.

Mareta akafira mumhirizhonga yeHarare.
Ndinovatondera nehengechepfu muruoko.
Ndichipisika misodzi, dzihwa nedikita.
Ndichiti: dzinofura nzivani.

## Nzira yekumba

Zvanzi huya kumba.
Siya zvose ipapo pauri
uwuye kumba!
Uchadzoka hako gare gare
asi iko zvino zvangonzi:
dzoka kumba
nekuti nzira unoiziva.
Huya utsvedzerere seshoko rakandwa pamusikana.
Kana zviri zvipikiri
kuno zvirikowo zvakati twasa
nenyundo ine mubato murefu.
Kana ari mapadza
kuno kune marefu refu
zvekuti unosakura wakasakamara.
Uri mumwe dai wauya kumba.
Kana riri ivhu
kuno kune matepatepa.
Chisingamere imomo mabwe chete.
Huya kumba
nekuti nzira unoiziva.
Huya kumba uvhuvhute
mumhepo pamangwanani nemanheru.
Huya uputike muchibage chekugocha
chakasendama pahuni dziri muchoto.
Huya uone makobiri ari pakati pepfundo.
Huya tiagovane; rako rangu rako rangu…
Huya kuno kumba
mhanya kasika
ndikugadzirire mugwagwa weBhuruwayo
ufambe zvitsvene tsvene wega.
Huya tiverenge mazuva tichiti:

tikarara tikamuka tikarara tikamuka tikarara
tikamuka inenge yave horidhe.
Huya upenye sezai rakandirwa nhasi.
Usateerere vanokuchemera avo!
Usawane chaunonzwa.
Isa zvimuti munzeve.
Sunga moyo negavi.
Huya upendere tirauzi pamushini.
Huya titenge siwiti titsemurirane paruware.
Huya kumba kani ndikudzidzise sipero baba.
Uchiri kuiteiko ikoko vezera rako tinavo kuno?
Wagadzirirwa mukombe wemvura inotonhorera.
Rupasa rwako rwutsva rwawaridzwa.
Usarambe uchichema.
Ingosunga magumbeze.
Usarambe uchisikiza.
Dzoka uve zvawaive mazana nemazana nemazana
emakore usati wazvarwa!
Chimwe chiiko?
Dzoka kumba…

**Kuonesesa**

Mukati dhiraivha webhazi rino haasi mwana wangu
wandakaita mukusaziva nemukunzerereka kwangu?
Gotsi rinenge kuseri kwegomo Wadze nderangu iro!

Sei muchinda wegitare aine maziso akati kovo seangu?
Zvino avhuvhutwa nemhanzi achitsinzinya meso iwayo
achiona nyika mukanza sezvandinoita pakutonongora chibage.
Anogona kunge ari mwana wemazuva angu ekupengereka.

Meso evana vandinoticha anondivhundutsawo kwazvo!
Tinoita setakambosangana asi tangokanganwa kuti kupi.
Handingadai ndirini ndakavapotsera vose ava ndakatsinzinya
mukukwira nekudzika nekukwira nekudzika kwemisi yangu?

Handidi matarisirwo andinoitwa nebenzi repamarobhotsi!
Hatingadaro takambofamba tose tichitaura zvenyika?
Iye mukati haangadarowo achida kuziva kuti ndekupi zviya
kwaaakamboona baba vemhanza nedumbu nemahobi?

Imi, hamungadaro muchibva kuZimbabwe kwandinobvawo?
Ndaona kumwaya sauti mumuriwo musati matomboravira!
Hamungadaro musati manzwa zvose zvakaitika kumusha?

## Kusiri kufa

Kusiri kufa tingadai tichitotaura.
Unoimba dikita richierera.
Unoimba ropa richiteurwa.
Kusiri kufa tingadai tichitaura.
Unoimba nyika ichiumburuka.
Unoimba rwendo rwuchienda.
Unoimba mbambaira ichitambarara.
Unoimba uku uchizvara mwana.
Kusiri kufa tingadai tichitaura.
Unoimba sadza rako richikwata.
Unoimba guva rako richicherwa.
Kusiri kuimba tingadai takaparara.
Tichingoimba vachida vasingade.
Tichingoimba madhongi achikuma.
Tichingoimba kutaura kusvika tanyarara.
Kusiri kufa tingadai tichitaura.

## Kufunga

Ndanga ndiri kufunga
kuti ndikadai ndikadai zvinoita.
Ndikazodai ndichidai ndichidai
zvoita zvakare mangwanani chaiwo.
Ndokuzoona kuti ndakambodaro wani
zvikaramba.
Kuramba chaiko chaiko!
Ndokuzoona kuti
dai vana nhingi vasingazoita zviye
Taidai todai todai
zvobva zvaita!
Vana nhingika!
Vasirivo, tingadai tiri vamwe vanhu.
Ehee, ndazofunga zvino.
Ndafunga:
Ko, tikavadai tozovadai todai, hazvingaite?
Zvinoita!

Kutadza nei?
Vanenge voti tiri kudai isu tichidai!
Vodai isu tobva tavadai!
Tikadaro, tichidaro tichidaroka
havangazvinzwisise. Kunyepa!
Tinoswera tazviita.
Votozoziva kuti tadaro
isu tave sekuMarondera!
Kwazvoo!
Chaizvoo!

## Mudzanga wefodya

Tiri mudzanga wefodya pakati pezvigunwe zvemuputi
Anogona kutotibatidza zvake mumoto wekenduru
Kuiswa mumoto dzoro rose rinoronga misikanzwa
Tigotanga kunyeka zvinyoronyoro kamberevere
Agotiruma nekune rimwe divi kuti nga nga nga
Agotikweva hake iwe: kwe kwe kwe kwe
Agopfumbura hake utsi nemukanwa nemumhino
Zigamwa rake rajaira kudya zvine mafuta nesauti
Zvipuno zvinenge mapatya agere munzira
Agozoti dhuu achinzwa kuserera kwechikara
Chichidzika nemukanwa dakara mudundundu
Ombodekara zvake sehuku kana kusina makondo
Agozotondera hake kuti gara zviya ndine mudzanga!
Agotitsotsonyera mundiro yesimbi inodhura
Dota rose richikuhumuka pachisara moto
Agotidzorerazve mugamwa riya rinenge bako
Okweva zvakare dakara otadza kufema
Ofuridza utsi dakara asisaone kure nepaari
Pwititi pwititi ndiani achine nharo apo?
Obva atanga kuona zviri pasi pemvura
Nekuronga rimwe zano rinenge tyava chaiyo
Obva atikanda pasi onakidzwa nezano riye
Obva atitsokodzera nebhutsu musamende
Kuitira kuti kwanhasi timbodzima nho-o
Tisagone kupisa imba yose ine zvinhu zvake
Ozotibatidza hake musi waangangochobokawo.

## Shamhu yezera renyu

Magadzirirwa shamhu yezera renyu.
Inopindiranawo nemhosva yamakapara.
Zvibvunzei kuti zvamakaita makazviitirei chokwadi.
Chaizvo chaizvo maingodawo kuzvifadza here?
Kana kuti makatumwawo neakatumwa neakatumwa?
Zvino kwagadzirwa shamhu yezera renyu chaiyo.
Vanga vachitaura nezveshamhu iyoyo pandapinda.
Ndamboti vari kutaura nezvemvura yaramba kunaya.
Vazonyarara zvibhutsu zvangu pazvati bhadha bhadha pasi.
Amai vati vanhu ngavarangwe kuitira kuti vasazvidzokorodze.
Vabva varidza mutsinyo ndokusvipira mate muchoto chaimo.
Mate iwayo apotsa poto yakazvigarira nepadikidiki chaipo.
Zvaita sekunge imi ndimi manga mugere mumate iwayo.
Saka kutaura kuno imi matosvipwa kare kare chaizvo.
Ndabva ndachonjomara kunge ndiri muuswa mangwanani.
Ndazoona baba vachibuda panze vachiita kunyahwaira chaiko.
Kuita zvavanoita kana vachida kubata shiri iri pamazai nemaoko.
Ndazoona vave muzimutowa repamba vachityora shamhu yacho.
Ndaona kuti vaenda mudenga kuti vawane shamhu yezera renyu.
Vanga vachiida shamhu madire avanoita sadza ravo kana riine mukaka.
Ndaona kuti shamhu inotepuka semutoki wechirauro chabata hove.
Vadzika vachitura befu kunge dhongi rakumurwa pangoro.
Aka ndekekutanga kuti ndione baba vari mumuti ini ndiri pasi.
Ndavaona vachiipurura mashizha achibva atorwa nemhepo.
Kwabva kwasara tsarapu nhete dzinogwagwadza mumhepo.
Ndaona vachipeta maoko ehembe kuti vazame shamhu iyi.
Ndanzwa ichiti mumhepo chuuu chuuu vachiizama vari vega.
Asi ndaona zvangu kunge ndiyo shamhu yezera renyu imi.
Ndaitarisa ndikatadza kuziva kuti zvamakaita makazviitirei.
Vapinda nayo mumba ichibva yabaya kuchikuva kubva kumusuo.
Vaiti petei ndokuisendeka kuseri kwegonhi zvekuti hauione.

Shamhu yezera renyu yakamirira kuzoshanda manheru.

Vanenge vachatanga varega muchidya zvenyu dakara maguta.

Ndipo pachavharwa gonhi zvonzi taurai zvose zvamakaita.

Zvonzi nyatsai kutaura kuti basa rose iri makarironga sei chaizvo?

Handizive kuti muchatii nekuti mubvunzo iwoyo hausi wekutamba.

Makaita chinhu chinonyadzisa kwazvo nyika yakatarisa.

Muchiti zvigodiiko?

Muchiti zvichigopera sei?

Bva yatoveko kuno shamhu yezera renyu.

# Kajokoto

Nha'we Kajokoto!
Chiitawoka zvako zviye.
Chiita maminimini ako awaireva.
Musikana wako ari pano uyu.
Hanzvadzi yemusikana wako iri pano iyi.
Chanetsa mukati imomo chiiko zvino?
Iwe Kajokoto!
Chivadoda uchiienda mberika, chikomana.
Ehe, uchivanyunyawoka saizvozvo.
Vasukurudze uchivaisa nemudeya zvawaireva.
Kajokoto, ita rekutunga nemusoro risingabatike.
Yowee! Ndokune gedhi here ikoko?
Ndiwe Kajokoto chaiye chaiye here iwe?
Zuva ravira zvaunoona, Kajokoto.
Munogohwesa riinhiko, nha'we Kajokoto?
Ko mukagodzorera bhora kugedhi redu wani?
Kumberi kwaita sei, nhaimi vakomana?
Rinogohwa sei muchidzokera naro kugedhi kwedu?
Tikagohweswa tirisu munoita sei zvino?
Bvisai bhora kugedhi kwedu, Kajokoto!
Matanga kutamba bhora nhasi here imi?
Mbiri yako ndeyei, nha'we Kajokoto?
Hezvo!
Wakupira bhora munhu asiri wako kuti zviite sei?
Izvo! Izvo!
Bhora rakuenda kwedu sezvandamboreva!
Maiwe!
Vhara munhu uyo, Kajokoto!
Munhu akaipa uyo, hauzvione here?
Maka ane bhora kani nhai Kajokoto!
Waneta here chikomana?

Radzoka zvakare, Kajokoto!
Kajokoto kani!
Maiwe!
Ranwa kwedu zvino!
Zvandanga ndichareva.
Haa, kumeso kwamai vako, Kajokoto!
Chibuda nevamwe vako munhandare.
Tabheja mari yakawanda chaizvo.

## Mbudzi

Mbudzi pamapendekete.
Achidzika nayo nemugwagwa.
Ichiti me-e-e zvakanaka naka.
Ichidzokorodza kuti me-e-e.
Asi achienda nayo chete.
Ichizoti harara-a-a-a-a.
Kuti zvityise.
Asi achingoenda nayo.
Yambozama kuita nhoko.
Dzikatopotsa bendekete rake.
Dzikapotsawo njombo yake.
Dzikawira pasi.
Achingoenda nayo.
Mbudzi ine nharo.
Yambozama kufinyamisa chiso.
Zvikaonekwawo nevakomana vepabhiriji.
Vakatoti kumbudzi, dyiwa uri nyama iwe!
Vaita kunge nherera dzaona nyama.
Vazobvunza kuti mbudzi inoendepi.
Vabva vanzi, majaira zvemahara.
Mutakuri wembudzi iboorangoma.
Aburitsa foni nerumwe ruoko.
Rwumwe rwakabata mbudzi pabendekete.
Ataura nevari kumba pafoni achiti:
parodzwe banga hombe
—rinogara mukabati.
Nekuburitsa zidhishi
—riri pasi pesingi.
Ati vakuhwidze moto
—sezvo ari munzira.
Huni dzemoto dziri nechekugedhi.

Dzakatsemurwa kare.
Doro rinosvika izvozvi
—nemukuwasha wekuMvurwi.
Adzorera foni yake muhomwe.
Atanga kuimba Shauri Yako.
Dakara pagedhi pori!
Vavakidzani vose vamira vakamutarisa.
Pombi dzichibvinza mvura pamasingi.
Sekuru Yuna-Yuna vavhunduka!
Pakusimuka vatunga hunde yemupichisi nemusoro.
Vachiita kunge vanga vasiri pasi pawo.
Hanzi: "Ko, mbuya vangu vaMachuma
wavawana kupi, wavaunzirei pano?"
Mukomana abva akanda mbudzi pasi
—achiti abatidze mudzanga
—anzwisise musoro wenyaya.
Ndipo paazoona kuti mbudzi iyi
—dai iri mbudzi
—dai isina chuma muhuro!
Ngachipenye chuma chavaMachuma!
Chichena, chitsvuku, chitema, chipfumbu…
Mbudzi yati pfurupfutu
—kusunungura tambo mugumbo.
Ndokumhanya kugedhi.
Ndokusvetuka gedhi.
Ndokudzika nemugwagwa.
Apa chuma chiri zvebu zvebu zvebu.
Muchinda aridza mhere akabata musoro.
Tirauzi rake rakarembera chizvinozvino.
Richibva ratota kunge avhurira pombi yemvura mukati…

## Geshuwenzi Kambamura

Mukadzi akanaka samare
anditarisa ndokunyemwerera.
Amhanya achida kundimbundikira ndokumira!
Anditarisa nenyimo dzemeso: ngara ngara ngara.
Ndokuswedera ndokumira zvakare.
"Yowe, ndanga ndafunga kuti ndimi ivo,"
adaro achitoridza tsamwa.
Chiuno chinenge chego
kumwe kuchinge tsambarafuta kupamhamha.
"Ndasvotwa!" abva adaro achitendeuka sengarava.
Ati kuvana vanga varipo, "Nhaimi, anoita kunge ani uyu?"
Vana vaye vati vose pamwechete, "Haa! Vakafanana."
Ndokubva vana vapwipwidza vachiuya pedyo neni.
Vatanga kunditenderera senyuchi vachiti,
"Kuita kunge ivo chaivo chaivo, shamwari."
Ndasvotwa!
Dai ndisiri muenzi dai vandiona!
Ndabva ndati ndivaudze zvose:
"Ndinoitwa Geshuwenzi Kambamura wekwaDotito.
Pano ndauya kuzotsvaga sekuru vangu J.J. chete chete.
Musandifananidze nevamwewo vanhu vasina maturo!
Ini ndinokutukai mose zvenyu, mazvinzwa?"
Ndabva ndabuda pagedhi ndokunyunguduka.

## Munhu wako wokutanga

Vanotaura vanoti unouraya.
Asi pose pandinokutarisa
ndinoona munhu munyoro nyoro.
Ndinoona kuti waimbodya sadza nemuriwo.
Uchinwa muto mumbiya kana sadza rapera.
usati wauraya munhu wako wekutanga.
Ndinoona uchigadzira ndege dzako dzemashanga.
Ndoona uchimhanya nepasi kuti dzibhururuke.
Ndinoona mombe dzawaiumba nemavhu.
Ndobva ndanzwa uchidzikumira uchiti, mhu-u-u.
Ndinobatikana chaizvo pandinonzwa
munhu wako wekutanga achichema,
"Ndiregerere, ndiregerere, shamwari, ndagura.
Asi uchibva wamupedzisa.

## Motokari

Havazvione kuti haina mavhiri.
Kwavari imotokari muzvambarara chaiwo.
"Vhuumu!" vanodaro vana kana yamuka.
Ivo ndivo madhiraivha neinjini zvose.
"Vhuumu," vachikuma kuti iyende mberi.
Yave kutokwidza makata mupfungwa dzavo.
Ichidya makomo nemiti nenzizi ichienda.
"Piipu! Pii-pipipipi!" havade kutsika munhu.
Nokuti vanotoziva kuti munhu haatsikwe.
"Bhaibhaaaaai!" vachiwonekana nevadikani.
"Tichakuunzirai zvinonaka," ivimbiso iyoyo.
"Huuu-uu!" vachienda kunodiwa nemoyo.
"Wuuuuuu!" vave kudzika pana Shashi.
Pamupata weMavhirivhiri koromo kata.
"Hona murungu uyo ari pabhasikoro!"
"Hona musikana wandicharoora uyo!"
"Tarisa miti iri kumhanya ichidzoka shure!"
"Hona dhirezi rinenge ramai vaSekai iro!"
Inoenda kwavanoda panguva yavanoda.
"Tsviii. Tasvika!" kutaura kwevana vaye.
Vasvika patakasvikawo gore riye riye.
Ngavarege kuzoita zvatakaita isu patakasvika.
Vanoziva vanoti, Mwari anoziva.

## Kisimusi

Vasikana vedhorobha!
Mirai ipapo tikwazisane.
Munopfeka kepesi sevakomana sei?
Mabva mamira semota dzabopa mabhureki?
Mukagotarisa musango ndichitaura wani?
Iri randakasungisa tirauzi ibhande hausi mudzonga.
Muri kudzokera here kana kisimusi yapera
kana kuti muchabatsira ambuya kusakura?
Sekuru venyu vaiti muchauya zvechokwadi.
Tarisa kuno iwe une hembe tsvuku senhengeni?
Wakapedzisira riinhi kuona munhu anenge ini?
Vasikana vedhorobha!
Mirai ipapo tikwazisane.
Munopfeka kepesi sevakomana sei?
Mabva mamira semota dzabopa mabhureki?
Mukagotarisa musango ndichitaura wani?
Iri randakasungisa tirauzi ibhande hausi mudzonga.
Sekuru venyu vaiti muchauya zvechokwadi.
Tarisa kuno iwe une hembe tsvuku senhengeni?
Wakapedzisira riinhi kuona munhu anenge ini?
Aha, ndini ndakafundisa baba vako bhasikoro.
Ini pandiri pano uchindionawo zvangu kudai
ndakatovafundisawo kana kugeza tiri kurwizi.
Ivo vakandifundisawo kukanda vasikana shoko.
Izvi usaudze vanhu kana naivo baba vako.
Wadzokera uti kuna baba zvanzi neni hokoyo.
Uti zvakare zvanzi neni, inga ndave kufa usipo?
Chiendai henyu kwambuya, mungazowana tii yapora.

## Chirume chaSekai

Chirume chaSekai chinonakidza.
Chinobatidza mudzanga chokweva zvacho.
Chozoburitsa utsi nemumhino nemukanwa.
Chichitaura nyaya kunge chiri kushanda.
Ndinofunga Sekai anoita seane wairesi mumba.
Kana mumwe otaurawo chirume chaSekai
chinoramba chakanyarara kuti tonhoo.
Chichiterera nyaya sechinotevera nzira murutsva.
Ndinofunga mumba Sekai anotaura pamadiro.
Unonzwa choti, "Dzokorora ipapo. Ipapo ipapo."
Kuita kunge chiri kukuza mombe pagejo.
Ndinofunga Sekai aneta nokunzi dzokorora.
Kana zvonakidza chinoseka kakuwe semunhukadzi
chichishiringinya pachigaro chichiyeva bhodhoro.
Ndinombofunga kuti chinenge chofunga zvaSekai.
Kana zvacho zvauya chinomhanyisa maziso patafura
choti, "Mapedza here? Pihwai zvamuri kunwa."
Mumoyo macho hachidi kuona tisina zvinwiwa.
Chinenge chichiti chiri kuchengeta vanhu vaSekai.
Tinobva tati, "Maita henyu mukuwasha, zvaitwa."
Pamusana pekuti Sekai takatamba naye chaizvo.
Tisu tine nhoroondo yaSekai chaiyo chaiyo.
Chirume ichi chakazongouyawo segondo takarivara.
Chirume chaSekai chinenge chinombozimbwa
nokuti chinombonditarisa zvekupinda mumwoyo.
Ndakambopotsa ndati, "Pane zvamakambonzwa here?"
Ndokufunga kuti hachingade kunzwa ndichidaro.
Ndingatyei zvangu pamunhu akauya nezuro?
Hachina kuzungaira saka ndizvo zvandinochidira.
Kana chaguta unonzwa choimba kambo kapfupi
chichiseka chichirova bendekete remunhu ari pedyo.

Ndinofunga kuti Sekai anoita zvokutyorwa bendekete.
Chinenge chinoziva kuti kwatiri, Sekai haasi Sekai chete.
Itori ngirozi yedu yachiri kutichengetera ichochi.

## Tose tiri ipapo

Nzendo dzinoda kufambwa
Vasikana vanoda kupfimbwa
Vana vanoda kubarwa
Minda inoda kurimwa
Vabereki vanoda kuchengetwa
Dzimba dzinoda kuvakwa
Mombe dzinoda kufudzwa
Mabhuku anoda kuverengwa
Amwe anoda kunyorwa
Vavengi vanoda kuvengwa
Chandasiya chii muwedzere?

## Chimunhu chisina rudo

Chimunhu
chisina rudo
chaifamba mumugwagwa.
Chakaona shiri
ine bapiro rakatyoka
ichiumburudzwa nebonga
ichirumwa ichiregerwa
ichibatwa ichikandwa
ichidzvanyidzirwa pasi.
Chimunhu
chisina rudo
chakati kubonga, svaa!
Bonga rakatiza ndokumira
sekokoko!
Ndokutarisa.
Chimunhu
chisina rudo
chakabata shiri iye
ine bapiro rakatyoka
ndokuigadzika mumaoko
ndokuifuridza.
Shiri yakatonhorerwa.
Chimunhu
chisina rudo chakafambisa
ndokuenda neshiri kwachinogara.
Chakatanga kuundura
shiri iri mhenyu!
Unoziva kuti shiri inotobuda misodzi?
Chakaiundurawee
ndokuiundura...
munhenga nemunhenga

dakara minhenga yapera.
Shiri ichidedera.
Chimunhu
chisina rudo
chakati zano nderipi?
Chakatyora shiri rimwe bapiro!
Pwaka! Pwaka!
Shiri yainge isasagone kuchema.
Chimunhu
chisina rudo
chakasekerera.
Chakamonya shiri mutsipa.
Chichiudhonza dakara wareba.
Shiri ichibva yafira mumaoko acho.
Chimunhu
chisina rudo
chakaseka ndokuti:
"Ndinokuuraya, wazvinzwa?"
Chimunhu
chisina rudo
chakabatidza
moto wekugocha shiri chichiti:
"A! Aikaka!
Ndosaka ndichinzi
Chimunhu
chisina rudo!
Munoti vakandipa zita vainyepa?"
Ipapo chakatanga kunzwa simba rinenge dutu.
Chakatanga kumhanya chakananga guta.
Chaida kupwanya guta.
Chimunhu
chisina rudo
chichibva chanzwa kuti

Aika! Inga hachisi munhu.
Chinotori shiri ine bapiro rakatyoka!
Chakazendama pavheranda
ndokuona bonga richisvika ipapo...

## Kungoenda

Zvakanaka sei kungoenda
nekuenda nekuenda...
ndichisiya zidhorobha rino?
Panguva yenhau dzemanheru
ndinenge ndisisipo.
Vachashamisika kwazvo
nokuti handipotse kuona nhau dzemanheru.
Panzvimbo yangu panenge pasina munhu.
Vachati kune kwandiri kutandarawo zvangu
saka ndichadzoka ndanwira nwira.
Pavanozomuka rechimangwana
ndinenge ndisipo.
Piro yangu inenge isina kutsamirwa.
Pavanozama kundifonera
vanonzwa foni yangu yakadzimwa
vongopindurwa nekamukadzi kaye
kuti: munhu wamuri kuda haabatike
zamai kufona zvakare gare gare.
Vagofona vagofona.
Warawara!
Vanofunga kuti ndichafona.
Vozoona kuti handisi kufona.
(Pavanozonditsvaga kuhofisi kwangu
ndinenge ndave sekwaDotito
ndinodarika Kadohwata ndichienda...)
Ndipo pavanoona ndisimo muhofisi.
Patebhuru panenge pakarongedzwa.
Vachaona penzura iri pakati pebhuku
randaiverenga papeji 36.
Pamhiri papeji 37
vachaona ndakatara tara neingi

mazwi emunyori wandinodisisa
ekuti: ndinotya kutya nokuti kunondityisa.
Vachatarisa kapu yangu yeputugadzike
voona yakaomerera masamba emazuva nemazuva.
Pakubuda muhofisi mangu vachaona jasi rangu
riri seri kwegonhi senguva dzose
richirembedza bendekete rerudyi
semaitiro angu kana ndakaripfeka.
Mundangariro dzavo vachandiona ndichifamba mufambiro wangu wemunhu ararirofamba
seya seya, seya seya
shangu dzangu dzichigwedezeka
ndichienda nokuenda
ndichisiya zidhorobha rino.
(Ipapo ndinenge ndave sekwaPachanza
Ndichitarisa makomo ehujaya hwangu:
Makomo eMavhuradonha.)
Muzidhorobha rino vachafona zvakare
vachingopindurwa nekamukadzi kaye
kuti: munhu wamuri kuda haabatike
zamai kufona zvakare gare gare.
Vanobva varidza tsamwa
pikicha yangu ichinyemwerera kumadziro.
Vachati kupikicha yangu: mutambo wako hatichauda!
Vachabvunza zvishamwari zvangu
voudzwa kuti ndakapedzisira kuonekwa
ndichidzika masitepisi epaohofisi
ndichiverenga chinhu chainge pepanhau.
Vadzidzi vangu vachataura kuti:
vakapedzisira kundiona
musi wandaiti: detembo rinoita segakanje
kufamba nedivi asi richiti vana varo vasadaro.
Vachaenda mupaki voona chimota changu.

Madhoo haana kukiiwa nekuti haachakiike.
Vachagwedebudza kabhineti kutsvaga humbowo.
Vowana nhamba dzemagetsi nedzemvura chete.
(Izvozvo ndinenge ndodarika Mukumbura
Ndinenge ndovavarira Putukezi ndichienda mberi mberi.)
Vanondida muzidhorobha rino
vachatanga kuungana sepamuchato.
Pane vachavhurira huku dzandinochengeta
vozama kudzifidha.
Vachadziona dzichidya chikafu
kunge varoyi vari kunwa muteyo.
Pane vachanzwa nezvekushaikwa kwangu pawairesi.
Votondera tunyaya tusina basa twandaivataurira
vobva vadonhedza tumisodzi votupisika.
Pane vachatondera zvandaivatadzisa kuita
vomedza mate vachiti dai ndikasadzoka.
Vanotoita makuwerere vachiti ndainyanya kuvhaira!
Pane vachaona munhu anenge ini achizvifambira
vave pedyo naye voona kuti handisirini.
"Wedu mukobvu asi haana kuzokorawo kudai!"
Pane vachanzwa munhu achitaura
panze nenzwi rinenge rangu!
Vachavhura ketani.
Vovhura hwindo
voona murume anotengesa hove
kwete ini!
Zvinozondifadza sei ndave kure
nezidhorobha rino
ndichienda kudaro.
Kangani ndichida kuenda ndichitadza?
Ndichatondera munhu wose munguva pfupi.
Ndichacheuka
asi nokuti ndinenge ndave kure

ndichangoti: "Maida kuti ndiite sei?"
Saka hamundinzwe.
Izvozvo ndinenge ndatarisana nemhindo.
Kumberi mhindo.
Kumashure mhindo.
Nguva inoverera chirombowe.
Munhu anonyeruka mhanduwe.
Ndichapeta heti yangu
ndoiisa muhapwa
kana kutoikanda pasi panyoro
nokuti rwendo rurefu harudi
katundu
kasina
basa.

## Dai

Dai
ndikakuwana
uchipo.
Dai
ndikakuwana
usati wapukuta misodzi
ndigozowanawo chekuita.
Dai
ndikakuwana
sezvatinoita howa.
Ndigokudzura.
Ndichizunza mavhu.
Ndichikudzura.
Usingatyoke.
Ndichikudzura usingacheme.
Masvosve akatarisa.
Ndigokuradzika mutswanda
usingashevedzere.
Masvosve
achikwira nekudzika.
Dai
tikasashamiswa
nekupindana kwemazuva
kwakaitika.
Dai
ndikakuwana
usati
wakanganwa
nyaya yaunoda kundiudza
nokuti
pane zvandinodawo

kukuudza.
Shingirira
kusvika tasangana.
Dai
ndikangokuwana.

## Dai ari pano

Ndinonzwa kukuma kwemhuru
yaangadai anzwa nhasi dai aripo.
Ndozonzwa mhou ichidaira
ichibva kwaangadai asina kutarisirawo
dai ari pano.
Ndinotarisa chibage
chaangadai akadyara
ndoona chichipepereka mumhepo
ingadai yatakura heti yaaipfeka.
Ndinotsvaga muhana mangu mazwi
aangadai ataura
musi wakadai panguva yakadai.
Ndoataura zvinyoronyoro mazwi iwayo
ndichiita kunge ndaatenga
nemari zhinji.
Ndinotarisa kazukuru
kaangadai asekenyedza nhasi.
Ndinobva ndakabata mapendekete
sezvaangadai aitawo.
Ndinotsvaga tsiye nyoro
dzaaive nadzo kutunhu tudiki.
Ndinonwa mvura yaangadai anwa
dai ari pano.
Ndinonzwa ichitonhorera semadiro aaiiita.
Ndinozorora pasi pemuti waakadyara.
Ndinochema misodzi yaangadai achema
dai kuri kuti ndini ndaisavepo nhasi
iye aripo.

# Pamusoro panyanduri

Memory Chirere akapinda mudariro renhetembo muna 1994 nenhetembo dzake dziri mumuunganidzwa unonzi, *Tipeiwo Dariro*. Bhuku iri rakaverengwa zvakanyanya muzvikoro zveZimbabwe. Akazotevera nebhuku renhetembo dzake oga rinonzi, *Bhuku Risina Basa: Nekuti Rakanyorwa Masikati*, rinove rakawana mubairo mukuru wemuZimbabwe weNational Arts Merit Award wa2014. Ikozvino adzoka zvakare nebhuku rino renhetembo rinonzi *Shamhu Yezera Renyu*. Chirere anowanzonyorawo nyaya pfupi, dzimwe dzacho dziri muna *Nomore Plastic Balls* (1999), *A Roof to Repair* (2000), *Writing Still* (2003) nemuna *Creatures Great and Small* (2005). Akanyorazve mabhuku enyaya pfupi dzake oga anoti, *Somewhere in This Country* (2006), *Tudikidiki* (2007) na *Toriro and His Goats* (2010).

Memory Chirere ane blog rake rinonzi *KwaChirere*, rinowanikwa pakero iyi, padandemutande: http://www.memorychirere.blogspot.com. Parizvino ari paUniversity of Zimbabwe muHarare apo anodzidzisa zvidzidzo zveLiterature neCreative Writing.

www.ingramcontent.com/pod-product-compliance
Lightning Source LLC
Chambersburg PA
CBHW011955090526
44590CB00024B/3796